PROJET DE LOI SUR LES PATENTES

NOTE A CONSULTER

POUR

MESSIEURS LES COURTIERS-GOURMETS

PIQUEURS DE VINS

PARIS

E. PLON ET Cⁱᵉ, IMPRIMEURS-ÉDITEURS

RUE GARANCIÈRE, 8

—

1878

A MESSIEURS LES PRÉSIDENT ET MEMBRES

DE LA COMMISSION DE LA CHAMBRE DES DÉPUTÉS

CHARGÉE D'EXAMINER LE PROJET DE LOI SUR LES PATENTES PRÉSENTÉ LE 18 DÉCEMBRE 1877 PAR M. LE MINISTRE DES FINANCES.

Les soussignés, courtiers-gourmets piqueurs de boissons, ont l'honneur d'appeler l'attention de la Commission sur la nécessité, qu'ils espèrent démontrer, de mentionner spécialement leur profession dans le projet de loi soumis à son examen.

I. — Ils croient devoir déterminer d'abord avec précision les caractères distinctifs de leur profession.

Elle est toute spéciale.

Elle n'est mentionnée ni dans la loi du 28 ventôse an IX, ni dans l'article 77 du Code de commerce : elle a été instituée et organisée par un décret du 15 décembre 1813, portant règlement sur le commerce des vins à Paris (section V, article 13 à 25).

Aux termes de ce décret, les courtiers-gourmets piqueurs de vins, au nombre de cinquante, ont pour fonctions : « 1° de servir, exclusivement à « tous autres, dans l'entrepôt, d'intermédiaires, quand ils en sont requis, « entre les acheteurs et vendeurs de boissons; 2° de déguster, à cet effet, « lesdites boissons, et d'en indiquer fidèlement le cru et la qualité; 3° de

« servir aussi, exclusivement à tous autres, d'experts, en cas de contesta-
« tion sur la qualité des vins, et d'allégation, contre les voituriers et bate-
« liers arrivant sur les ports ou à l'entrepôt, que les vins ont été falsifiés ou
« altérés. »

Ces fonctions diffèrent de celles que remplissaient les courtiers de marchandises avant la loi du 18 juillet 1866. Les courtiers-gourmets ne font le
courtage que des boissons : ils ont, exclusivement aux courtiers de Commerce, le privilége des expertises dans les contestations sur la qualité des
vins.

Les courtiers-gourmets se distinguent encore, en plusieurs points, de
tous les autres courtiers : leur cantionnement est de 1,200 francs, selon
l'article 17 du décret de 1813, qui n'a pas été modifié par l'article 90 de la
loi du 28 avril 1816, ni par l'ordonnance du 9-24 janvier 1818 fixant à
4,000 francs le minimum du cautionnement des autres courtiers, et il est
déposé à la Caisse du Mont-de-Piété, et non au Trésor public.

Les courtiers-gourmets n'ont pas la faculté, donnée à tous les autres courtiers par l'article 91 de la loi du 28 avril 1816, de présenter leurs successeurs. Enfin, ils sont nommés, non par le chef de l'État, mais par arrêté du
ministre du commerce, sur la présentation du préfet de police.

Telle est la profession des soussignés : on voit qu'elle est, comme ils l'ont
dit, toute spéciale.

Les soussignés vont exposer maintenant les raisons pour lesquelles ils
réclament une mention particulière de cette profession dans le projet d'une
nouvelle loi sur les patentes.

II. — La Commission sait quelle taxe les lois de patente en vigueur font
supporter à leur profession.

Elle est rangée parmi celles de la 6ᵉ classe du tableau A annexé à la loi
du 25 avril 1844. Dans le tableau annexé à l'article 3 de la loi de finances
du 2 août 1868, elle figure comme retranchée, sous la désignation : courtier-gourmet piqueur *de vins*, et comme ajoutée, sous la désignation :
courtier-gourmet piqueur *de boissons*, aux professions de la 6ᵉ classe du
tableau A : il en résulte que, si sa désignation légale a été légèrement modi-
fiée, la taxe de patente à laquelle elle donne lieu n'a pas cessé d'être celle

de la 6ᵉ classe du tableau A. Cette taxe est composée d'un droit fixe de 40 francs et d'un droit proportionnel du vingtième de la valeur locative des locaux occupés par le courtier-gourmet.

III. — Mais ce que la Commission ne sait pas, sans doute, c'est que cette taxe, en fait, n'est point perçue par l'administration des contributions direc-tes, et qu'elle est remplacée, au grand détriment des soussignés, par une autre taxe beaucoup plus lourde.

Cet état de choses dure depuis dix ans : il a pris naissance à la suite des faits qu'on va rapporter.

Le 11 juillet 1864, la Compagnie des courtiers-gourmets, qui n'avait cessé de fonctionner, depuis 1813, conformément aux lois de son institution, reçut du préfet de police une demande de renseignements concernant M. Rozey, qui sollicitait du ministre du commerce sa nomination à un titre vacant. En janvier 1875, elle reçut de semblables demandes de renseigne-ments concernant MM. Droin, Robert et Denis. Elle répondit par lettres favorables aux candidats, et le 28 janvier 1865 ceux-ci subirent avec suc-cès, devant le jury constitué par le préfet de police, les examens destinés à la constatation de leur aptitude professionnelle.

Néanmoins aucune nomination n'eut lieu depuis cette époque.

Le 27 avril 1864, le ministre du commerce, dans une lettre au président du Conseil d'État, avait exprimé le vœu qu'une enquête sur le régime du courtage fût faite par une Commission prise dans le sein du Conseil ; le 25 juin suivant, sur l'avis des sections réunies, le président du Conseil d'État confia le soin de cette enquête à une Commission composée de quatorze membres du Conseil, parmi lesquels étaient MM. les conseillers d'État Cor-nudet et de Boureuille.

Un tableau des villes où il y avait des courtiers, et des différentes caté-gories de courtiers, fut alors établi pour indiquer à qui devait être adressé le questionnaire rédigé par la Commission : ce questionnaire fut envoyé à ses différentes destinations. Les séances de la Commission se tinrent du 15 juillet au 10 août 1864.

La première des quatre demandes ci-dessus rappelées, qui ne reçurent jamais de réponse, portant une date de peu de temps antérieure au 15 juillet

1864, il y a lieu de supposer que l'administration ajourna ses réponses à raison de l'enquête et jusqu'à l'époque où les résultats en pourraient être connus.

Cependant l'institution des courtiers-gourmets piqueurs de vins paraissait désintéressée des questions à examiner dans cette enquête. Le tableau des courtiers, mentionné ci-dessus, n'indiquait l'existence, à Paris, que de soixante-huit courtiers, dont soixante courtiers de marchandises et huit courtiers d'assurance : les cinquante courtiers-gourmets n'y figuraient pas.

Le questionnaire dressé par la Commission d'enquête contenait une question sur l'utilité des courtiers-gourmets ; mais des questions générales sur le régime du courtage il résultait clairement que la principale préoccupation du Gouvernement se rapportait au règlement des indemnités qui pourraient être dues aux courtiers dans le cas de suppression de leur droit de présenter leurs successeurs : or, les courtiers-gourmets n'avaient, comme on l'a rappelé, jamais joui de ce droit de présentation.

Ainsi, l'enquête ne paraissait pas concerner les courtiers-gourmets ; et leur syndic, M. Hemmet, entendu par la Commission dans sa séance du 16 juillet 1864 (page 100 des procès-verbaux), commençait en effet sa déclaration en disant que les courtiers-gourmets étaient tout à fait désintéressés dans la question du privilége, parce qu'ils n'avaient pas la faculté de présenter leurs successeurs, et pour deux autres raisons de fait, dont l'une était que les courtiers de commerce ne s'occupaient jamais des vins, pour le courtage desquels il faut des connaissances spéciales, et l'autre, que les ventes publiques des vins, dont le monopole était peut-être attribué par la loi de 1858 aux courtiers de commerce, avaient très-peu d'importance à Paris.

Il semble donc que l'administration aurait pu se dispenser d'ajourner jusqu'à la fin de l'enquête de 1864 les nominations aux titres vacants de courtiers-gourmets qui lui étaient demandées. Elle s'abstint néanmoins de répondre aux demandes ci-dessus indiquées, non-seulement pendant toute la durée, mais encore après la clôture de l'enquête.

Par quels motifs fut-elle amenée à tenir cette conduite ? Les soussignés l'ignorent absolument. Ils savent que, dans l'enquête, un membre de la Chambre de commerce de Paris, M. Berthier, avait dit : « Les courtiers-

« gourmets piqueurs de vins sont à la veille d'être abandonnés : la Commis-
« sion des vins de Bercy et de l'Entrepôt doit demander à la Préfecture de
« ne plus s'occuper de cette institution. » Mais ils ne peuvent supposer que
des suggestions de cette nature aient déterminé le magistrat chargé d'appliquer le décret du 15 décembre 1813 à en éluder les prescriptions par une
inertie constituant un déni de justice.

Si l'administration sursità statuer sur les demandes de MM. Droin, Rozey,
Robert et Denis, même après la publication des procès-verbaux de l'enquête
de 1864, c'est sans doute qu'elle crut opportun, dans l'intérêt général, et
qu'elle regarda comme possible, d'attendre que le législateur eût discuté
les modifications au régime général du courtage proposées par le Gouvernement.

Le Corps législatif avait été saisi, en effet, le 22 juin 1865, d'un projet
de loi *relatif aux courtiers de marchandises*, qui devait donner lieu à l'examen de l'ensemble de la législation sur le courtage, et pouvait fournir l'oc-
casion de reviser, au besoin, les règles de l'institution des courtiers-gourmets.

Mais si ce raisonnement, d'une valeur très-discutable, détermina le préfet de police à persévérer, jusqu'au vote ou au rejet du projet de loi, dans
son refus de présenter de nouveaux courtiers-gourmets, il est du moins
certain qu'après la promulgation de la loi du 18 juillet 1866 ce refus, dont
il ne s'est jamais départi, perdit toute raison d'être.

En effet, cette loi n'a modifié la législation antérieure qu'à l'égard des
courtiers de marchandises; cela résulte expressément de sa rubrique et de
son texte, et rien dans la discussion qui l'a précédée, dans les travaux qu.
l'ont préparée, ne permet de prêter du législateur l'intention d'innover en
ce qui concerne les courtiers-gourmets piqueurs de vins.

Il y a plus : l'exposé des motifs de la loi, œuvre de M. le conseiller d'État
Cornudet, lequel avait été, comme on l'a dit, membre de la Commission
d'enquête en 1864, contient à l'égard des courtiers-gourmets cette déclaration formelle : « Nous n'en parlons ici que pour mémoire. Le projet de loi
« actuel n'a point à s'en occuper. »

Rien n'autorisait donc plus, même en apparence, après le 18 juillet
1866, le refus du préfet de police de pourvoir aux titres vacants dans la
Compagnie des courtiers-gourmets.

La loi du 2 août 1868 en vint donner surabondamment une nouvelle preuve dans son article 3 ci-dessus visé; on a vu que le tableau annexé à cet article indique expressément la profession de courtier-gourmet comme ayant conservé son existence propre, et range ceux qui l'exercent, sous le nom de courtiers-gourmets piqueurs de *boissons*, parmi les patentables de la 6ᵉ classe du tableau A, comme l'avait fait la loi de 1844; il en résulte évidemment que cette profession n'a pas cessé d'être, aux yeux des législateurs, ce qu'elle était en 1816 et en 1844, ce que l'a faite le décret organique du 15 décembre 1813.

Malgré tout, le préfet de police a persisté dans sa résolution de ne présenter au ministre du commerce aucun des candidats aux titres vacants de courtiers-gourmets. Au mois d'octobre 1866, le syndic de la Compagnie tenta de s'éclairer sur les motifs de ce refus persévérant d'appliquer le décret de 1813 : toutes ses démarches furent vaines. La Compagnie demanda l'autorisation de se réunir en assemblée générale; elle l'obtint, et se réunit le 26 décembre 1867. Mais le préfet de police, qui, par l'octroi de de cette autorisation, reconnaissait implicitement l'existence légale des courtiers-gourmets, n'en continua pas moins, sans crainte de se contredire lui-même, à s'abstenir de pourvoir au remplacement des membres sortis de la Compagnie.

Le fisc ne tarda pas à profiter de la situation où cette conduite de la Préfecture de police mit les courtiers-gourmets piqueurs de vins. En 1868, il leur imposa les droits de patente établis par l'article 20 de la loi du 18 juillet 1866, droits qui pèsent encore aujourd'hui sur les soussignés.

Or, ces droits sont excessifs, hors de toute proportion avec les avantages de la fonction des courtiers-gourmets, et intolérables à tel point que l'administration des Contributions directes ne les réclame pas de tous les courtiers-gourmets, entre lesquels elle établit ainsi une distinction arbitraire, et ne les impose qu'à ceux qu'elle suppose avoir, en dehors de leur profession, le moyen de les supporter. C'est pourquoi les soussignés supplient la Commission de vouloir bien indiquer par une mention spéciale, dans le projet de loi qu'elle est chargée d'examiner, le droit de patente applicable à leur profession.

Cette mention spéciale est nécessaire, ainsi qu'ils vont le démontrer.

IV. — S'il ne s'agissait que de l'application des lois de patente actuellement en vigueur, on pourrait considérer les tribunaux administratifs comme exclusivement compétents pour décharger les soussignés des taxes exorbitantes qui leur sont imposées depuis 1868.

Ces tribunaux ne manqueraient pas sans doute de rectifier l'interprétation donnée par le fisc de l'article 20 précité de la loi du 18 juillet 1866. On a prouvé que cette loi n'a eu pour but et pour effet que de supprimer le privilége des courtiers de marchandises, et de régler l'indemnité due aux courtiers alors en exercice pour la perte du droit de présenter leurs successeurs. Cette indemnité a été mise à la charge de ceux qui devaient profiter de la suppression du privilége : le Trésor public en a fait seulement l'avance. Or, les courtiers-gourmets n'avaient aucun intérêt à la suppression du privilége des courtiers de marchandises : l'enquête de 1864 en a donné la preuve : ils n'étaient en concurrence avec eux, ni pour le courtage des vins, parce que leurs aptitudes spéciales leur assuraient le monopole de ce courtage, ni pour les ventes publiques de vins, qui n'avaient aucune importance ; il eût donc été contraire à l'esprit de la loi de 1866, lors même que le texte de cette loi ne s'en fût pas expliqué, de les mettre au nombre des intermédiaires chargés d'indemniser les courtiers de marchandises et assujettis, pour cette raison, à des droits de patente particuliers : l'article 20 n'y soumet que « les intermédiaires dont la « profession n'est pas spécialement dénommée dans les tableaux annexés à « la loi de patentes » ; or, on a vu que la profession des courtiers-gourmets est dénommée dans le tableau A, annexé à la loi du 25 avril 1844, parmi celles de la 6ᵉ classe.

Les tribunaux administratifs pourraient d'ailleurs encore se fonder, pour faire justice, en faveur des courtiers-gourmets, des prétentions du fisc, sur l'article 3 de la loi du 2 août 1868 ci-dessus rappelée, et sur le tableau annexé à cet article, qui les range de nouveau dans la 6ᵉ classe du tableau A, en les dénommant pour l'avenir, avec une exactitude scrupuleuse, courtiers gourmets piqueurs de *boissons*.

Mais les soussignés poursuivent un autre but que le règlement judiciaire de leurs droits, et c'est pour cette raison qu'ils ont cru devoir s'adresser actuellement au législateur.

D'ailleurs, même en ce qui concerne la taxe indûment supportée par eux, ils ne pourraient entreprendre un procès contre le fisc que dans des conditions inégales.

On a vu comment la Préfecture de police, contre le vœu, contre les prescriptions formelles de la loi, s'est appliquée à désorganiser la Compagnie des courtiers-gourmets, en refusant de combler les vides qui s'y produisaient fatalement.

Lorsque les droits de patente établis par l'article 20 de la loi du 18 juillet 1866 furent imposés aux courtiers-gourmets, ceux-ci n'étaient déjà plus qu'au nombre de 30 (le nombre réglementaire est de 50); plusieurs d'entre eux, notamment le syndic, s'étaient retirés; trois démissions et un décès se produisirent encore avant le 16 mars 1869. A cette date, la plupart de ceux qui restaient en fonction (23 sur 26) tentèrent de provoquer une décision de l'autorité, et, dans ce but, se déterminèrent à donner collectivement leur démission, motivée sur « la détermination de l'autorité « supérieure à ne pas pourvoir aux vacances existantes ».

Après plusieurs réponses dilatoires, le ministre du commerce leur fit savoir que, par décision du 2 mars 1870, il avait accepté cette démission.

Mais dès le 19 janvier précédent, las de la situation qu'on leur faisait, ils avaient reconstitué la Compagnie proscrite, et consacré, dans un nouveau règlement, dont ils produisent un exemplaire ci-joint, les règles essentielles de leur profession.

Ils espéraient, par ce moyen, affirmer leur existence particulière, et, au point de vue de l'impôt des patentes, démontrer, par l'explication précise de la nature de leurs fonctions, que l'article 20 de la loi de 1866 ne leur avait jamais été, sous aucun rapport, applicable.

L'administration connut sans doute ce nouveau règlement avant d'accepter la démission collective donnée le 16 mars 1869; quoi qu'il en soit, elle en considéra l'adoption par les courtiers comme ayant mis fin à l'existence légale de l'institution établie par le décret non abrogé de 1813, et le fisc en déduisit leur adhésion à la mesure par laquelle ils étaient taxés aux droits de patente imposés, en 1866, à la profession des intermédiaires du commerce.

Les courtiers-gourmets, en rédigeant leur règlement, n'avaient cependant entendu que donner une force nouvelle au décret de 1813 : l'article 1ᵉʳ porte que « le but de la Société est de faire respecter et observer les règle- « ments actuels et futurs... » ; l'article 5 affirme énergiquement le principe essentiel qui domine la profession : on y lit que « tous les sociétaires « s'engagent, en ce qui concerne les vins et spiritueux, à ne faire aucune « affaire pour leur compte personnel, ni en participation avec des tiers », et l'article 16 prononce la peine de l'exclusion contre tout courtier qui aura perçu un droit de courtage supérieur au maximum fixé par le tarif, ou « qui aura fait une affaire pour son compte ».

L'article 5, en son § 2, permet bien aux courtiers-gourmets de repré- senter les maisons des vignobles. Mais la Commission sait que la fonction des courtiers s'étend aux opérations de place en place : c'est ce que la jurisprudence a maintes fois affirmé, se fondant tant sur le texte même des lois de la matière que sur leurs motifs et leur esprit : les garanties que les courtiers seuls offrent au commerce sont en effet encore plus nécessaires quand les parties contractantes sont éloignées que lorsqu'elles sont toutes deux présentes. (Civ. cassation 24 juillet 1852 et 30 avril 1853. Courtiers de Paris contre Sauty, Civ. cass. 25 janvier 1862. Courtiers de Nîmes contre Sequelin ; et d'autres arrêts dans le même sens.)

Or, cet article 5, § 2, malgré l'impropriété du mot qu'il emploie, n'a d'autre but que de constater l'étendue, déterminée par la jurisprudence, de la fonction des courtiers-gourmets ; il n'implique l'abandon d'aucune des règles de la profession, dont le règlement définit les devoirs, en même temps qu'il en affirme les droits.

Mais si la rédaction du règlement dont il s'agit n'a pu changer la position des soussignés, ne se pourrait-il que, dans un procès, l'administration, rapprochant de ce fait celui de l'acceptation, un mois après, de leur démission collective, réussît à jeter de l'incertitude sur le véritable caractère de l'un et de l'autre ?

L'équité fournirait sans doute aux soussignés un argument décisif ; quelle que puisse être la conséquence juridique des faits rapportés ci-dessus, l'État, dans tous les cas, serait non recevable à s'en prévaloir, car ils lui sont imputables. Ce sont les deux autorités spécialement préposées à l'exécution du décret de 1843 qui ont refusé de l'appliquer : c'est le préfet de police qui s'est abstenu de proposer les candidats aux titres vacants de courtiers-gourmets, tout en continuant, comme par dérision, d'autoriser les assemblées générales de la Compagnie, et d'entretenir avec son bureau des relations officielles; c'est le ministre du commerce qui, par son inaction, s'est approprié les mesures illégales de son subordonné, qui, pendant un an, n'a voulu tenir aucun compte de la protestation suprême des courtiers. Comment donc l'État, par l'organe du fisc, serait-il admis à profiter d'une situation créée par ses représentants, c'est-à-dire par lui-même? Son seul titre pour réclamer des courtiers-gourmets des droits de patente supérieurs à ceux de leur profession, c'est la faute qu'il a commise en entravant, sans droit, l'exercice de cette profession. Ce titre est nul.

Mais les règles de l'équité, dans un débat judiciaire, peuvent être contrariées par les complications, inconnues aux soussignés, des lois écrites. Les soussignés ne sauraient donc se contenter d'un procès, dont l'issue ne pourrait être que favorable, mais dont ils redoutent tout au moins les incertitudes et les lenteurs inévitables.

V. — Cette considération aurait pu suffire pour déterminer les soussignés à s'adresser à la Commission. Mais ils y ont encore été conduits par une autre raison plus décisive.

Le projet de loi, dans les tableaux annexés, ne mentionne pas leur profession. N'est-il pas à craindre, dès lors, que l'administration s'autorise de ce silence pour affirmer que le législateur consacre implicitement les actes qu'on a rapportés, et dont on a démontré l'illégalité flagrante, pour ne les caractériser qu'à ce point de vue?

La Commission tiendra sans doute à prévenir cet inconvénient par la mention expresse demandée par les soussignés.

Il appartient au législateur de régler avec précision les rapports de l'État avec les particuliers, et d'éviter ainsi, le plus possible, ce qui peut faire naître le doute, source des contestations et du mécontentement.

Les soussignés ne prétendent pas indiquer à la Commission les termes de la mention spéciale qu'ils sollicitent : ils laissent à sa justice et à sa prudence le soin de concilier leurs intérêts légitimes avec l'intérêt public.

Ils affirment hautement l'impossibilité pour eux de supporter la taxe de patente que leur impose aujourd'hui l'arbitraire du fisc ; mais ils ne réclament pas absolument le maintien des lois de 1844 et 1868, seules applicables à leur profession ; ils n'entendent pas soutenir que le droit établi par ces deux lois, celui de la 6ᵉ classe du tableau A, ne puisse être augmenté sans injustice. Depuis 1813, la légitimité du courtage de place à place a été reconnue ; le rôle des marchands en gros et des commissionnaires a perdu de son importance ; les transactions commerciales ont pris un développement considérable par l'effet du perfectionnement des moyens de transport et de communication. Les soussignés reconnaissent volontiers que des avantages résultent pour eux de tous ces faits. Si la Commission croit devoir leur imposer une taxe de patente supérieure à celle qui leur est encore applicable, ils se borneront à demander que le montant n'en soit pas fixé sans qu'ils aient été entendus. Ils prient la Commission de considérer qu'en fait, ils ne font le courtage que des boissons de peu de valeur ; qu'ils sont tenus d'aller en personne déguster la marchandise et en surveiller la livraison ; que les embarras résultant pour eux des actes de l'administration sont aggravés par la concurrence redoutable qui leur est faite par de nombreux intermédiaires habitant les faubourgs de Paris, et taxés à de faibles droits de patente.

Mais quel que soit le droit que la Commission doive leur imposer, ils prennent la liberté d'insister principalement, pour les raisons qu'ils ont exposées, sur la nécessité d'une mention spéciale de leur profession dans les tableaux qui seront annexés à la loi nouvelle.

En résumé :

L'institution des courtiers-gourmets piqueurs de boissons a conservé son existence légale : la taxe de patente qui leur est imposée par les lois en vigueur est celle de la 6ᵉ classe du tableau A. Tel est le droit. En fait, la profession des soussignés est celle de courtiers-gourmets piqueurs de boissons : elle est cependant taxée comme celle des représentants de commerce. Les soussignés supplient la Commission de vouloir bien examiner s'il convient de consacrer, à leur égard, la législation actuelle, ou de reviser cette législation, tant au point de vue de la contribution des patentes que des règles relatives à l'exercice de leur profession, et de consigner expressément sa décision dans le projet de loi sur les patentes soumis à son examen.

Ils se tiennent à la disposition de la Commission pour l'éclairer sur les conditions où s'exerce aujourd'hui leur profession.

DROIN, Ernest ; GRANDJEAN,

Membres délégués
de la Compagnie des Courtiers-gourmets piqueurs de vins.

SOCIÉTÉ DES COURTIERS-GOURMETS EN VINS ET EAUX-DE-VIE

RÈGLEMENT DE LA SOCIÉTÉ

APPROUVÉ PAR LA COMMISSION REPRÉSENTATIVE DU COMMERCE
DES VINS ET EAUX-DE-VIE DE PARIS

Les modifications législatives intervenues au sujet des intermédiaires, et le refus de l'autorité compétente de pourvoir au remplacement des membres sortis de la compagnie des Courtiers-Gourmets, ont déterminé VINGT-TROIS d'entre eux à donner leur démission, et à former la Société dont il va être question ci-après.

ART. 1er.

But de la Société.

Le but de cette Société est de faire respecter et observer les règlements actuels et futurs qu'elle crée dès ce jour, ou pourra créer dans l'avenir, si besoin est;

De donner aux transactions commerciales une garantie de moralité;

De faire toutes démarches près des administrations supérieures, défendre près des tribunaux compétents les règlements ci-après établis, en cas de contestations entre courtiers et commerçants;

D'établir enfin, entre tous les membres, une solidarité qui, en resserrant les liens de bonne confraternité qui doivent exister entre eux, sera pour tous une garantie d'honorabilité.

ART. 2.

Limitation du nombre des Membres et durée de la Société.

Le nombre des membres de la Société est illimité.

La durée de la Société est elle-même illimitée; sa dissolution ne pourra être prononcée qu'en assemblée générale, et à la majorité des trois quarts des Sociétaires.

ART. 3.

Conditions d'Admission.

Tous les membres démissionnaires de l'ancienne société des Courtiers-Gourmets en vins et eaux-de-vie près l'entrepôt général et les ports font de plein droit partie de la nouvelle Société.

Tout autre postulant devra adresser sa demande écrite au syndic quarante jours au moins avant une assemblée générale.

CETTE DEMANDE DEVRA CONTENIR :

1° Les pièces constatant que le postulant exerce là profession de courtier en vins ou eaux-de-vie sur la place de Paris, et ce, depuis deux années au moins, ou qu'il est dans le commerce des vins en gros ou eaux-de-vie depuis au moins le même délai;

2° La déclaration que, connaissance prise des règlements de la Société, il s'engage à les observer loyalement;

3° L'engagement d'effectuer entre les mains du trésorier, huit jours après la notification de son admission, le dépôt d'un titre nominatif de QUARANTE FRANCS de rente TROIS POUR CENT sur l'État.

Cette demande doit être accompagnée du versement d'une somme de CINQUANTE FRANCS qui servira à créer un fonds de réserve dont la capitalisation sera faite par les soins du bureau au mieux des intérêts de la Société.

Le bureau procédera immédiatement à une enquête sur la moralité et l'aptitude du candidat, et, par l'organe de son syndic, en fera connaître le résultat à l'assemblée générale, qui votera à la majorité absolue sur l'admission du candidat.

ART. 4.

Tarif du Courtage.

Les Sociétaires, reconnaissant la liberté complète des transactions, ne déterminent le tarif ci-après que comme maximum, toute réduction étant .aissée à la liberté réciproque des parties ;

Ils ne pourront donc recevoir au maximum pour courtage que la somme de :

Un franc trente centimes par hectolitre sur vins dont le prix ne dépasse pas soixante-cinq francs l'hectolitre ;

Deux pour cent sur vins de soixante-six à cent trente francs l'hectolitre ;

Trois pour cent sur vins au-dessus de cent trente francs l'hectolitre ;

Un et demi pour cent sur les trois-six ;

Trois francs par hectolitre sur les eaux-de-vie de cent francs l'hectolitre et au-dessous.

Trois pour cent sur eaux-de-vie et vins de liqueur à cent un francs l'hectolitre et au-dessus.

Les courtages ci-dessus fixés seront prélevés sur la valeur des vins, trois-six et eaux-de-vie, octrois non compris.

ART. 5.

Obligations des Sociétaires.

Tous les Sociétaires s'engagent (pour ce qui concerne les vins et spiritueux) à ne servir que d'intermédiaires, à ne faire aucune affaire pour leur compte personnel ni en participation avec des tiers, et à ne prêter leur concours pour aucune opération frauduleuse ou illicite.

Toutefois, ils ont le droit de représenter les maisons des vignobles, et de traiter pour le compte desdites maisons des affaires sur toutes les places de commerce.

ART. 6.

De la Cotisation.

Tous les membres de la Société, anciens comme nouveaux, auront à verser le jour de leur admission entre les mains du trésorier, contre un reçu de ce dernier :

1° Les cinquante francs pour fonds de réserve dont il est parlé en l'article 3 et qui ne seront remboursés pour aucun motif;

2° Un titre nominatif de QUARANTE FRANCS de rente TROIS POUR CENT sur l'État, que le trésorier devra déposer, dans le plus bref délai, à la Banque de France. Il effectuera lui-même le recouvrement des rentes, qu'il encaissera au nom de chacun, à titre de cotisations.

Ces rentes seront destinées à pourvoir aux dépenses de la Société : si les arrérages excèdent les dépenses, cet excédant sera versé dans la caisse de réserve; s'ils sont inférieurs aux dépenses, le syndic, lors de l'assemblée générale la plus prochaine, présentera le bilan, et l'assemblée devra voter si le déficit sera couvert par le fonds de réserve ou par une cotisation qui serait perçue par le trésorier dans le mois qui suivra le vote.

Tout candidat admis est tenu au versement de sa cotisation pour un an, par le seul fait de son admission.

Cette cotisation est acquise à la Société du jour de ladite admission sans que le membre admis puisse en jamais demander le remboursement.

ART. 7.

Conditions de Retraite.

Tout membre qui, quel qu'en soit le motif, ne voudra plus faire partie de la Société, devra adresser au syndic sa démission par lettre chargée, et huit jours après la date de cette dernière, il pourra retirer son titre de rente des mains du trésorier, après avoir toutefois acquitté le complément de sa cotisation pour l'année courante, et le montant des amendes qu'il aurait encourues avant l'envoi de sa démission.

En cas de décès, le titre de rente sera remis aux héritiers ou ayants droit après le même délai de huitaine, sur la production des actes d'hérédité, et sur la justification du payement de la cotisation de l'année courante, et des amendes que leur auteur aurait pu encourir avant son décès.

Le membre sortant, ou, en cas de décès, ses héritiers ou ayants droit, ne pourront, à aucun titre ni sous quelque prétexte que ce soit, s'immiscer dans les comptes de la Société, ni élever aucune réclamation sur les fonds en caisse.

ART. 8.

De l'Administration.

La Société est administrée par un bureau composé d'un syndic, d'un trésorier, de six adjoints et d'un secrétaire salarié choisi par le bureau en dehors de la Société.

Le syndic et le trésorier sont nommés pour un an.

L'assemblée générale du mois de décembre aura à pourvoir à leur remplacement, et à nommer trois adjoints nouveaux, les membres du bureau devant se renouveler par moitié chaque année.

A l'expiration de la première année, le sort désignera les trois membres sortants.

Le syndic devra toujours être choisi parmi les membres du bureau, ou parmi ceux des sociétaires qui en auraient fait partie.

Nul ne pourra faire partie du bureau, s'il n'a exercé le courtage pendant trois ans.

La nomination du syndic et du trésorier aura lieu au scrutin secret, et par un vote spécial pour chacun d'eux. Celle des adjoints aura lieu au scrutin secret, sur une seule liste, et à la majorité relative.

Ces élections seront faites en assemblée générale pour un an.

Les membres sortants sont rééligibles.

Si le nombre des sociétaires dépassait celui de CINQUANTE, il serait nommé un adjoint pour chaque quantité de dix membres nouveaux.

ART. 9.

Le syndic préside de droit le bureau, ainsi que les assemblées générales.

En cas de démission ou de mort d'un de ses membres, le bureau se complète par l'adjonction du candidat qui a réuni le plus de suffrages après ceux élus.

Le bureau a la direction générale de la Société et la représente. Il règle l'emploi des fonds, surveille la comptabilité, et dresse les procès-verbaux de ses séances ainsi que ceux des assemblées générales.

Il peut prendre toutes les mesures administratives qu'il juge utiles aux intérêts de la Société.

Il choisit ou révoque son secrétaire salarié, fixe le jour des assemblées générales.

En cas de partage des voix dans les délibérations du bureau, |celle du syndic sera prépondérante.

Le bureau ne pourra prendre de décision valable qu'autant que cinq membres seront présents. Chaque année un tableau des membres de la Société sera dressé par les soins du bureau. Il en sera remis deux exemplaires à chaque membre, et envoyé un exemplaire à tous les négociants notables de Paris qui font le commerce des vins et eaux-de-vie.

ART. 10.

Obligations et prérogatives du Syndic.

Le syndic signera toutes lettres de convocation, et veillera à ce qu'elles soient envoyées à chaque membre de la Société huit jours avant la réunion, soit du bureau, soit des assemblées générales.

Dans les assemblées générales et réunions du bureau, il donnera la parole, dirigera les discussions, qui ne devront jamais s'écarter du point en litige.

Tous les membres, du reste, seront tenus de déférer à ses conseils ou à ses observations.

Il sera chargé de la garde des archives, papiers, registres et documents quelconques appartenant à la Société.

En cas d'absence légitime, de maladie dûment constatée, ou de mort du syndic, le membre le plus âgé du bureau en remplira les fonctions jusqu'au retour du syndic, ou jusqu'à ce qu'il soit pourvu à son remplacement par l'assemblée générale la plus prochaine.

ART. 11.

Fonctions du Trésorier.

Le trésorier tient les comptes de la Société, fait toutes recettes, paye toutes dépenses, et, à chaque fin d'année, rend compte de sa gestion au bureau qui donne connaissance de la situation financière de la Société à l'assemblée générale du mois de décembre.

Le trésorier ne peut et ne doit payer, ni faire aucun placement de fonds, sans l'autorisation du bureau.

Il ne peut retirer aucun titre appartenant aux membres de la Société et déposé à la Banque de France qu'avec l'autorisation signée du syndic.

ART. 12.

Assemblées générales.

Les membres de la Société se réunissent deux fois par an en assemblée générale, la première fois en juin et la seconde en décembre.

Si une troisième assemblée générale devenait nécessaire pour la réception de nouveaux membres ou pour tout autre motif, sur la proposition du syndic, le bureau, s'il en reconnaît l'urgence, convoquera les membres de la Société.

Les convocations pour les assemblées générales doivent être faites huit jours à l'avance, sauf les cas d'urgence dont le bureau apprécie la nécessité.

Les décisions des assemblées générales ne sont valables qu'autant que les trois quarts des membres de la Société sont réunis.

Toutefois, lorsqu'une première assemblée ne réunira pas les trois quarts des membres, procès-verbal en sera dressé, et une seconde assemblée sera convoquée pour la huitaine. Les décisions de cette dernière seront valables quel que soit le nombre des membres présents.

A chaque réunion, l'assemblée générale vote, au scrutin secret, l'admission ou le rejet des candidats présentés, et délibère sur les questions à l'ordre du jour.

Dans la séance de décembre, elle entend le compte rendu de la situation de la Société et l'exposé de son état financier.

Elle nomme, à la majorité relative, ou par acclamation, deux commissaires chargés d'examiner les comptes du trésorier. Ces commissaires rendront compte de leur vérification à l'assemblée générale la plus prochaine.

Elle procède enfin à la nomination des membres du bureau pour l'année suivante.

ART. 13.

Modifications des Règlements.

Toute proposition tendant à modifier les règlements devra être signée par dix membres de la Société, et contenir l'énonciation des motifs; elle sera remise au syndic un mois avant l'assemblée générale.

Le syndic sera tenu d'en faire la notification sur les lettres de convocation de ladite assemblée. Il en sera de même si c'est le bureau qui en a pris l'initiative.

ART. 14.

Secours et Souscriptions.

L'assemblée générale, sur la proposition du syndic, pourra voter, à la majorité absolue des suffrages, des secours aux membres dans l'indigence, ou à leurs veuves, aux pauvres et aux victimes de désastres imprévus.

Toutefois, en cas d'urgence pour des secours immédiats, le bureau aura la faculté de voter ces secours à la majorité absolue de ses membres, et rendra compte à la première assemblée générale des causes de l'initiative prise par le bureau.

ART. 15.

Pénalités.

Tout sociétaire qui, bien que dûment convoqué, n'assisterait pas à une assemblée générale, sera passible d'une amende de CINQ FRANCS.

Tout membre du bureau qui, sans excuse justifiée, n'assisterait pas à la réunion, sera passible d'une amende de DIX FRANCS.

Tout membre du bureau qui, sans motifs justifiés, manquerait trois fois aux réunions, dans l'espace d'une année, ne fera plus partie du bureau, et sera remplacé par le septième membre de la Société qui aura obtenu le plus grand nombre de suffrages pour remplir ces fonctions.

ART. 16.

Exclusion.

Tout sociétaire qui aura perçu une somme supérieure au maximum indiqué au tarif, ou qui aura fait une affaire pour son compte, ou qui aura prêté sciemment son concours à une opération frauduleuse ou illicite, sera, sur une preuve écrite, rayé de plein droit du tableau, et exclu de la Société comme indigne d'en faire partie.

Tout membre qui n'aurait pas rempli ses engagements envers des négociants, ou dont la conduite serait de nature à compromettre la Société, pourra être exclu par décision prise en assemblée générale, à la majorité des deux tiers des voix.

Seront également rayés du tableau ceux qui, dans l'espace de deux années, n'auraient pas payé les cotisations supplémentaires et les amendes auxquelles ils auraient été condamnés.

Seront exclus de plein droit ceux dont la moralité subirait une atteinte grave, par suite d'un jugement civil ou commercial.

Les membres rayés du tableau pour cause d'absences réitérées, ou exclus pour cause d'indignité, pourront retirer leurs titres de rente des mains du trésorier, huit jours après la notification qui leur aura été faite de leur radiation. Ce retrait de titres ne pourra toutefois avoir lieu qu'après le payement de la cotisation pour l'année courante, et des amendes encourues.

Paris, le dix-neuf janvier mil huit cent soixante-dix.

A. Blanchet, Guyonnet, Lacroix aîné, Delalonde, L. Gérard, Lacroix jeune, V. Devaux, Hauss, Luquet, Ch. Courtin, Gillet, E. Granjean, Proust-Griffe, Pessot, Lécuyer, Mocquot.

PARIS. — TYPOGRAPHIE DE E. PLON ET Cie, RUE GARANCIÈRE, 8.

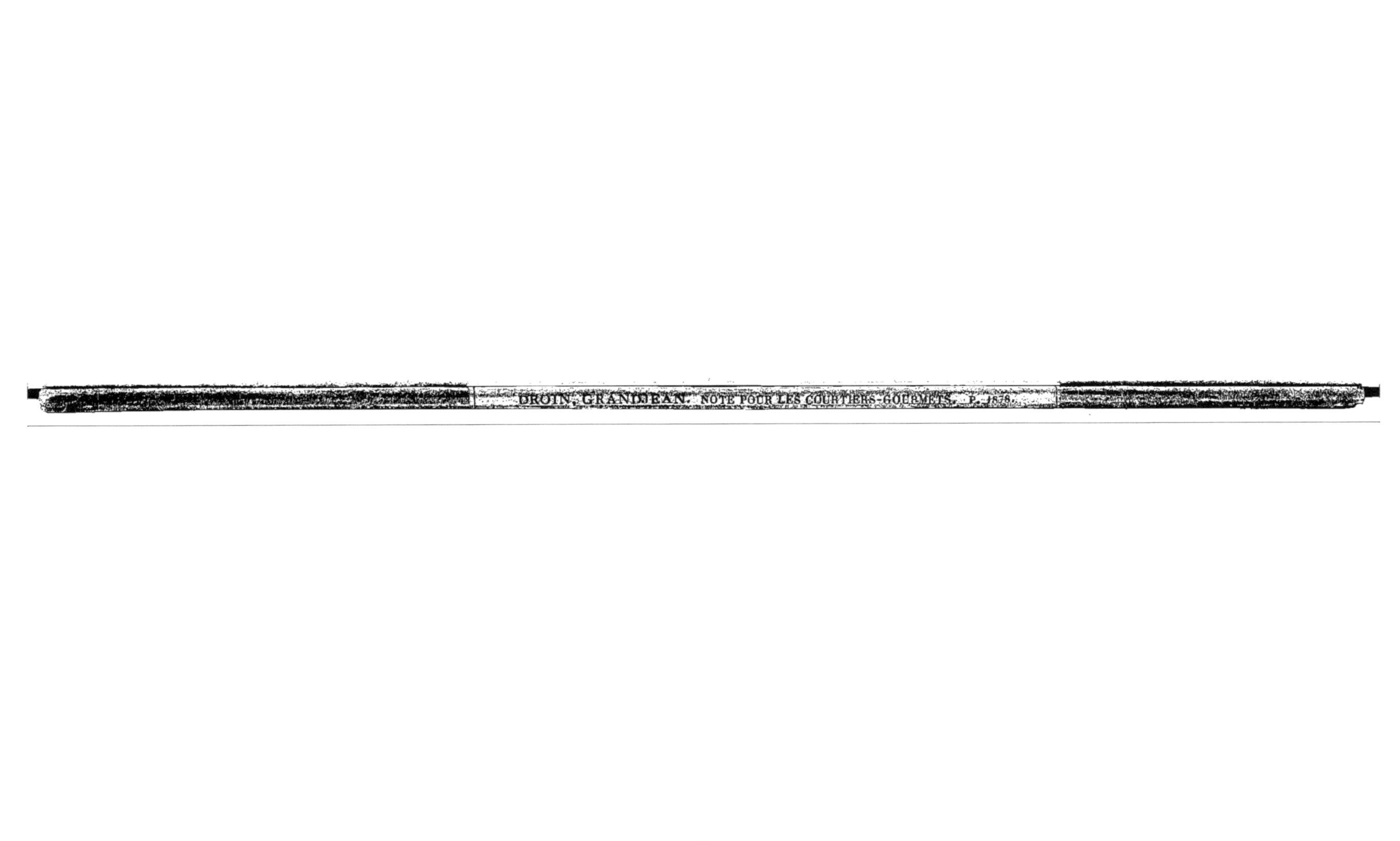
DROIN, GRANDJEAN. NOTE POUR LES COURTIERS-GOURMETS. P. 1878.

www.ingramcontent.com/pod-product-compliance
Ingram Content Group UK Ltd.
Pitfield, Milton Keynes, MK11 3LW, UK
UKHW021633130726
13696UKWH00005B/2177